小関鈴子の モードなバッグ

日本ヴォーグ社

はじめに

　女性は袋物が好き、いつしかそう言われるようになりました。お買いもの、仕事、旅行、レッスンに、さまざまなシーンに合わせて着替えるように持ち帰るからでしょうか。そんなバッグを手づくりするのなら、好きな布や素材、使い勝手も考えて自分好みにできるのがいいですね。

　私がバッグを作る時に考えるのは、バッグは持って外に出るということ。洋服とのバランスです。バッグが目立ちすぎるのは好きではありませんから、トータルのバランスを考えて布選びをするようにしています。また、広げた時にぱっと中身が見えるものが使いやすくて好きなので、袋口が大きく開くデザインのものが多いと思います。中にはポケットなどはあまりつけず、細かいものはポーチや巾着を使う方が好きです。

　今回は、今の私が気に入っている素材や布選び、技法など、つまり今の私のモードを6つに分けて紹介していますが、共通していたり、つながっているものもあります。つまり私の好きなものが集めたもの、と思っていただければと思います。布や素材は出会いですから同じものが手に入らないかもしれません。でもさまざまなヒントやアイデアをちりばめていますので、あなたの色や素材、モードを見つけていただければ幸いです。

小関鈴子

Contents

Mode 1 トラッド 06

Mode 2 ストライプ 14

Mode 3 ツートーンカラー 22

Mode 4 英字プリント 30

Mode 5 ヴィンテージ＆コラージュ 40

Mode 6 ステッチ 52

パッチワークの基礎用語 58
作品の作り方 59

この本に関するご質問は、お電話またはWebで
書名／小関鈴子のモードなバッグ
本のコード／70553
担当／石上
Tel:03-3383-0634（平日13時〜17時受付）
Webサイト「日本ヴォーグ社の本」
https://www.tezukuritown.com
※サイト内（お問い合わせ）からお入りください。（終日受付）

本誌に掲載の作品を、複製して販売（店頭・WEB上・個人間を問わず／オークション・バザーなども含む）することは禁止しています。個人で手作りを楽しむためにのみご利用ください。

Mode 1

ふだん使っている針とシンブル。鮮やかな色のものを使うと、使っていても楽しい。

トラッド

　パッチワークのトラッドなパターンは、布柄を楽しむのに最適です。使い古しの布や裁ちくずを使ってつなぎ合わせるのがパッチワークの本来の役割ですから、やはりトラッドなもの、特に四角や六角形のような一つの形をつないでいくワンパッチは一番の基本です。

　布をたくさん持っている人なら、ふだんから形を決めて布を裁っておくと自然にたまります。たまってきたら無造作につないでみるくらいの気楽さで楽しむのもいいですね。それでもパッチワークしてつないだものは、その人のセンスが見えてきます。色をたくさん混ぜるのは配色が難しくなってくるので、色のトーンをある程度決めるとまとめやすくなります。または色だけ同じで柄を変えるというのもいいですね。自分の色をしっかりイメージしてみましょう。

　私の中のトラッドは、さまざまなスクラップ布をワンパッチでつないだもの。いろいろな柄が入るので、バッグとして持つ時は普段の洋服に合わせるのが少し難しくなります。カジュアルにジーンズでお買い物に行ったり、リゾートなどで持つような、気軽に楽しんで持つバッグをイメージしました。

1

ロングヘキサゴンをつなぎ合わせた大きめのトートバッグ。
ひとつのピースが大きいので、布柄をたっぷり楽しめます。
布が足りない場合は、
ピースの中でパッチワークをしてもいいですね。
持ち手には小さなはぎれやレースなどの小片を重ねて縫っています。

作り方 → p.60

2, 3

長方形の四角つなぎはシックなイメージで配色をしました。
たっぷりとったマチに使った白の無地が洗練された印象に。
持ち手の長さはバッグの大きさに合わせて変えています。
キルティングもすべて直線で、シャープにまとめました。

作り方 → p.62(2)、p.63(3)

4

ヘキサゴン（六角形）をつないだポーチは、
バッグの中にひそませる楽しみとして、ビビットな配色にしました。
モザイク模様が楽しいですね。
バッグのポケットがわりにして、細々したものの整理に役立ちます。

作り方 → p.64

Mode 2

私のストライプコレクションの一部。主にアンティークの布たちです。

ストライプ

　女性も男性も使える柄の代表格、ストライプ。縦と横で使う方向によって雰囲気が変わり、ストライプの幅も布によって個性があります。一枚布でそのまま使っても素敵ですし、手を加えるとさらに良くなる魅力的な布です。

　ストライプの幅は、タータンチェックのようにそのピッチ（幅や間隔）が個性を表します。会社によっては代表的なピッチが決まっているそうで、そのくらいストライプのピッチは重要ということなのでしょう。太めのストライプは大胆さや力強い印象があり、細いストライプはシャープな印象。マルチストライプのようにさまざまな幅のストライプや、柄が入ってくるストライプなど、組み合わせは無限大にあります。

　シャープな印象のストライプに、花柄や英字プリントをパッチワークしたり、アップリケをすることで、柔らかくなったり、よりモダンになったりします。時には主役に、時にはわき役になったりしながら、大いに活躍してくれる布なのです。

5

ストライプの一枚布に、
アルファベットのシートをアップリケしました。
中袋と長い持ち手はストライプの色と合わせて深い青で。
紙袋のようにたたんだマチと、くり抜いて作った持ち手が特徴的です。
この持ち手は穴をひっくり返して仕立てるので意外と簡単にできます。

作り方 → p.66

6

前ページの5と同じ形で少し小さめでスリムに作りました。
赤のストライプで女性らしい印象です。
まちのマーガレット柄もストライプとひと続きの布を使用していますが、
好みの布でパッチワークしてもいいと思います。
ところどころにマーガレットを散らして。
作り方 → p.66

7

グリーンのストライプの色に合わせて
パッチワークをしました。
さわやかなグリーンをいかして、
オリーブの小枝をアップリケ。
少し縦長の形にしたので、綿ははさまず、
やわらかくしなやかに使えるように仕立てました。

作り方 → p.68

8

太いストライプにマーガレット柄を合わせました。
ひもでバッグの口を閉じるようにしたので、
出し入れもしやすく、前側につけたファスナーつきのポケットには
ひんぱんに取り出す細かいものを入れられるので便利です。

作り方 → p.70

Mode 3

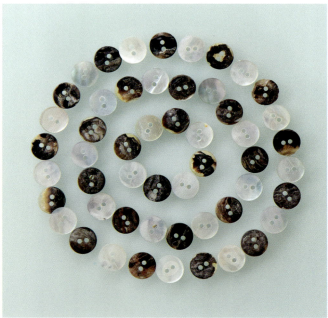

貝ボタンの裏表。こんな配色もいいと思いませんか？

ツートーンカラー

　ツートーンカラーとは、異なる2色を並べた配色のこと。バイカラーともいいます。白と黒のように明暗のはっきりした組み合わせにすると境目がはっきりと出てモダンな印象になります。また、ツートーンの大きな柄の布はとても大胆で目を引くので一枚布で使うのもいいですね。

　色を限定するのですから、まとめやすいというメリットもありますが、その分、究極の2色になります。悩みに悩んで、これぞという組み合わせ見つけてください。迷った時は、バッグの配色でしたら「どんな洋服に合わせるか？」を考えて選ぶと見つけやすいです。

　黒はどんな色ともまとめてくれ、合わせやすくなります。白が入るとさわやかな感じです。ベースのツートーンにアクセントカラーを足すと、個性が出てきます。ビビットな色にするか、淡いトーンにするか…。色選びは迷いますが、それも含めて楽しい作業です。

9

白と黒の個性的なプリント布は
それだけでインパクトがあります。
袋口を閉じる英字プリントの
ひもがアクセント。
まちは折りたたんで使いますが、
荷物が増えたら
横に広げて使うこともできます。

作り方 → p.71

10

英字プリントにストライプ、
好きな柄をツートーンでまとめてパッチワークしました。
アクセントにほんの少し水色を加えて。
右ページは同じ形で色を加えてみました。
色が入ると雰囲気ががらりと変わりますね。
作り方 → p.72

11

生成り地に黒の花模様を描いた布は、大きめのトートバッグに。
本体が大きいので持ち手にも芯を入れ、底あてもつけてしっかりと仕立てました。
袋口につけた巾着がアクセントカラーになっています。
用途に合わせて形を変えらるのも、布で作るバッグの良さです。
作り方 → p.74

Mode 4

上 アンティークショップで見つけたレシピカード。
文字がひたすら並んでいるのがいいのです。

英字プリント

　英字プリントは、私が作品を作るのには欠かせない布です。その出会いは幼い頃からずっと見ていた中原淳一さんの本の中で英字が使われていたことから。ストライプや水玉が好きなのも、中原さんの影響です。英字が入ることでデザインがぐっとしまり、モダンになります。

　英字は視覚的なデザインとして見ているので、意味にはあまりこだわっていません。英字のデザインで一番好きなのは、洋画のエンドロールです。文字がずらりとならんだクレジットが流れていくのを見ているだけで素敵だなと思ってしまいます。

　英字の中でもゴシック体は男性的でかっこいい、筆記体は女性的。フランス語なら筆記体がやわらかくていいかしら…なんとなくイメージがありますね。日本語ですと文字を見ると意味が先に入ってきてしまいますが、英字ですと柄として見ることができるのがいいのだと思います。

12

英字プリントのモダンな印象と、
フェルトの温かみのあるやわらかさがちょうどいい組み合わせ。
フリルのような飾り布は遊び心でつけました。
持ち手を長めにしたので、肩にかけて持ってもいいですね。

作り方 → p.76

13

コンパクトなショルダータイプの袋物、
サコッシュは
ビビットな青と英字を中心に
黒のプリント布と合わせました。
ショルダーひもにもパッチを加えて。
後ろ側はメッシュ素材の
ポケットをつけて
機能的に仕上げました。

作り方 → p.78

14

英字プリントを主役にしたボストンバッグ。
ファスナー、持ち手も色を合わせてツートーンカラーの配色です。
しっかりとした形に仕上げたかったので、綿をはさんでキルティングをしました。

作り方 → p.80

15

ダークカラーの土台布に、
クロスさせた英字プリントがクールな印象のバッグ。
持ち手やパーツに異素材を加えて個性を出しました。

作り方 → p.82

16

15と同じクロスのデザインですが、パッチワークで土台をはぎ合わせて作りました。
ポーチにしても、ミニバッグにしてもいいですね。

作り方 → p.77

Mode 5

大切に集めているヴィンテージ素材のほんの一部。昔の素材は手が込んだものが多いですね。

ヴィンテージ＆コラージュ

　長い時間を経てきたからからこそのやわらかさと色の抜け具合。現代のものでは表せない独特の素材感があるヴィンテージの布や素材に惹かれます。時間と共に色あせて少し冷めた色合いのプリントは、柄の輪郭がぼやけてやわらかく、持っていて邪魔をしません。大好きな赤は少しさびたような色合いになり、ビビットな赤とはまた違う魅力があります。華やかさとやわらかさ、時間をかけて現代に残ってきたもののもつ力なのでしょう。

　レースやボタン、リボンなどヴィンテージの素材はコラージュに使います。レースはそのまま布と合わせても浮いてしまうので、布の柄の一部になるよう意識します。自然になじませるには、手でやぶいて使うとわざとらしくならず浮いた感じになりません。イニシャルのテープやリボンもあくまでワンポイントに。コラージュは引き算が大切です。

17

大好きなヴィンテージの布を
パッチワークしました。
ところどころに入った赤が印象的です。
リバーシブルで
持てるように仕立てており、
内側はモノグラムの白糸刺しゅうが入った
ナプキンを使用しています。
作り方 → p.84

18
はぎれを使ったメガネケースには
綿をはさんでキルティング。
持ち歩きにも便利です。
作り方 → p.85

19

切りっぱなしの布をコラージュのように自由に並べて、
上からキルティングをして押さえました。
バッグに入れることを考えて、ビビットな色を選びました。

作り方 → p.86

20

パッチワークをした布と、
切りっぱなしの布をあえてそのまま使い、コラージュのように組み合わせています。
白の土台布の余白がいきるよう、バランスを見ながら配置しています。

作り方 → p.87

21

やわらかな質感の合皮に
切りっぱなしのデニムをミシンステッチで
押さえた少しハードな印象のバッグは、
後ろ側は赤のフェルトで対比させました。
底を合わせて縫い合わせた
ユニークな仕立てになっています。

作り方 → p.88

47

22

小さなポシェットは
ヨーヨーキルトとヴィンテージの
パーツを装飾的に使い、
アクセサリー感覚で持てるような
イメージで作りました。
とっておきの素材を使って楽しみましょう。

作り方 → p.90

23

ストライプの土台に、レースやタグ、イニシャルテープなどでコラージュを。
手でやぶいたレースは、しっかりとつけないで、
ところどころのポイントを縫い止める程度にしています。
後ろ側はがらりと印象を変えてシンプルに。

作り方 → p.91

Mode 6

パッケージのデザインや色に惹かれたアンティークショップで求めた糸。
一番右の糸はフランスの絹の刺しゅう糸で作品24に使用しました。

ステッチ

　ステッチが主役のバッグもおもしろいと思います。刺しゅうや刺し子など、太めのしっかりした糸で刺すと糸の存在感と力強さがあり、布とは違った質感が楽しめます。組み合わせる布もチンツ加工のコットンやデニムなど、素材感のあるものを選びました。

　刺しゅうはさまざまな技法がありますので、デザインや素材に合わせて選びます。自分で刺すのが苦手な方は、刺しゅうされた布を使ってもいいと思います。この本の中でも、モノグラムの刺しゅうが入ったヴィンテージのナプキンを使ったりしています。キルティングも入れる場合は、刺しゅうが引き立つようなバランスをとりましょう。

　刺し子は、日本のキルティングのようなもの。ステッチが目立つよう、ざくざくと刺してその表情を楽しみます。

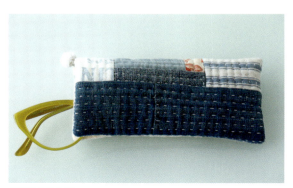

作品18の後ろ側。

24

絹の刺しゅう糸2本どりで刺した花模様はアップリケ並みの存在感。
ベースのキルティングは少し大きい針目で格子に刺して刺しゅうと合わせています。
持ち手にも同じ糸でステッチを加えています。

作り方 → p.92

25

古くなったジーンズや、いろいろな布を組み合わせてパッチワーク。
少し厚地の布でも刺し子ステッチなら刺しやすく、まとめやすくなります。
レッスンやちょっとした旅行にも持っていけそうな、
大きめのサイズで作りました。

作り方 → p.95

パッチワークの基礎用語

合い印　2枚以上の布や型紙を合わせる時、ずれないようにつけておく印。カーブの部分やファスナーをつける時などに使います。

アップリケ　土台となる布の上に、切り抜いた布をおいてまつりつける手法のこと。

当て布　キルティングをする時に、表布を重ねたキルト綿の下に当てる布。裏布と同じ役目ですが、キルティング後に中袋や裏布をつけて仕立てる場合、当て布が表から見えなくなるのでこのように呼ばれます。

落としキルト　アップリケやピースの縫い目の際に入れるキルティングのこと。縫い代の倒れていない側の0.1〜0.2cm外側をキルティングします。パターンやモチーフを浮き上がらせる効果があります。

表布　ピースワークやアップリケなどの手法で一枚にしたキルトの表になる布のこと。

返し縫い　一針進めて一目戻る縫い方。縫い目を上部にしたい時に使います。ピースワークの縫いはじめと縫い終わりや、ピースのはぎ目に返し縫いをするとしっかり縫うことができます。

片倒し　ピースワークをした2枚の縫い代をどちらか片側に倒すこと。縫い代は濃い色の布か、目立たせたい布の方に倒します。

キルティング　表布、キルト綿、裏布の三層を重ねてしつけをかけ、固定したものを一緒に刺し縫いすること。キルトを丈夫にする機能性と、美しい陰影をつける装飾性の二つの要素を持ちます。

キルト　表布と裏布の間にキルト綿をはさんで三層にしたものをキルティングやタフティングを施して縫い合わせること。またはそのように作ったもののこと。

キルト綿　表布と裏布の間に入れる芯のこと。化繊綿、木綿、ウールなどがあります。

ぐし縫い　運針（ランニングステッチ）とも呼ばれる基本的な縫い方。

しつけ…本縫いをする前にゆがみやズレが生じないように仮に粗く縫い合わせること。

シンブル（指ぬき）　シンブルは英語で指ぬきのこと。パッチワークキルトでは、指先までカバーされたものをシンブルといい、リング状のものを指ぬきというふうに使い分けています。形や種類もいろいろで、針から指を保護するためや、すべりを防ぐのに使います。

接着キルト綿　アイロンで直接布に貼ることのできるキルト綿のこと。片面接着、両面接着があります。でき上がりが固くなりがちなので、しっかり仕立てる袋ものなどに使われます。

裁ち切り　縫い代をつけずに表示された寸法通りに布を裁つこと。バイアス布を作る場合などにはこの方法を用います。

タブ　つまみひものこと。ポーチやバッグなどにファスナーをつけた時、開閉しやすいようにつけます。

土台布　アップリケや刺しゅうなどをする場合に、土台となる布のことをいいます。

中表　2枚の布を縫い合わせる時、表同士が内側になるように合わせることをいいます。

縫い切り　ピースを縫う時、縫い線の端から端までを縫う方法。

縫い止まり　ピースを縫う時、縫い線の印から印までを縫う方法。

バインディング　縁の始末の方法で周囲をバイアス布や横地の布でくるんで始末する方法です。

ピース　一片、一枚、一切れの意味でカットした布の最小単位のこと。

ピースワーク　ピースをはぎ合わせる作業のことで、ピーシングともいいます。

巻きかがり　布端をらせん状に巻くようにかがること。

How to Make
作品の作り方

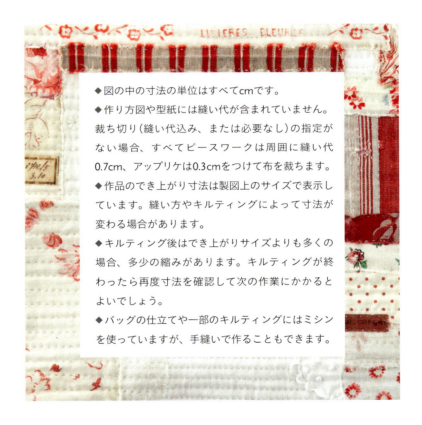

◆図の中の寸法の単位はすべてcmです。
◆作り方図や型紙には縫い代が含まれていません。裁ち切り（縫い代込み、または必要なし）の指定がない場合、すべてピースワークは周囲に縫い代0.7cm、アップリケは0.3cmをつけて布を裁ちます。
◆作品のでき上がり寸法は製図上のサイズで表示しています。縫い方やキルティングによって寸法が変わる場合があります。
◆キルティング後はでき上がりサイズよりも多くの場合、多少の縮みがあります。キルティングが終わったら再度寸法を確認して次の作業にかかるとよいでしょう。
◆バッグの仕立てや一部のキルティングにはミシンを使っていますが、手縫いで作ることもできます。

1 → p.8

○**材料**
パッチワーク・アップリケ用布…スクラップ布を使用、中袋90×95cm（内ポケット含む）、当て布・キルト綿各100×60cm、接着芯・リボン各適宜

○**作り方**
1 パッチワーク、アップリケをして本体表布と持ち手表布を作る。本体にキルト綿と当て布を重ねてキルティングをする。
2 中表に合わせて両脇、まちを縫う。
3 中袋に内ポケットつけ、返し口を残して縫う。
4 本体と中袋を中表に合わせて袋口を縫い、表に返して返し口を閉じ、袋口をミシンステッチで押さえる。
5 持ち手を作り本体につける。

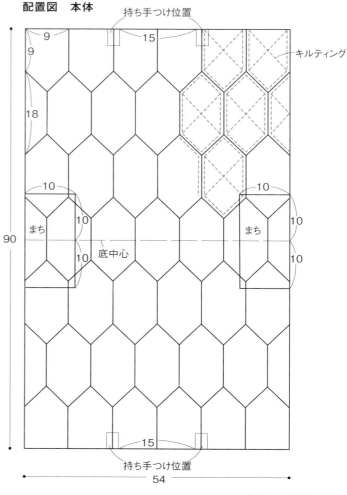

配置図 本体

<型紙>

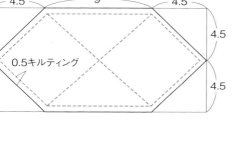

中袋

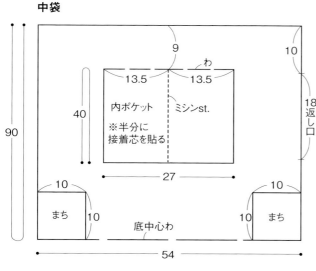

持ち手（表布・裏布各2枚）

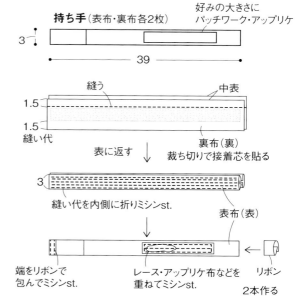

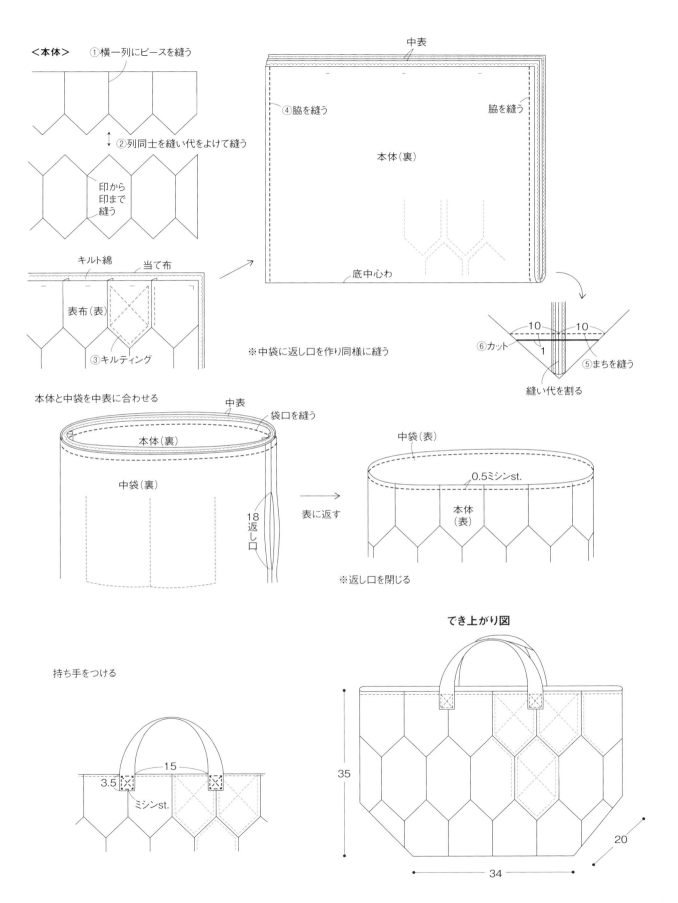

2 → p.10

◦材料
A布…スクラップ布を使用、B・底布…白無地70×25cm、中袋100×45cm(内ポケット含む)、当て布・キルト綿各90×60cm、接着芯70×25cm、革持ち手1組

◦作り方
1 パッチワークをして本体表布2枚を作る。本体表布と底表布にキルト綿と当て布をそれぞれ重ねてキルティング。
2 本体と底を縫い止まりで縫い中表に合わせて脇、まちを縫う。持ち手をつける。
3 中袋に内ポケットをつけ、返し口を残して本体同様に縫う。
4 本体と中袋を中表に合わせて袋口を縫い、表に返して返し口を閉じ、袋口をミシンステッチで押さえる。

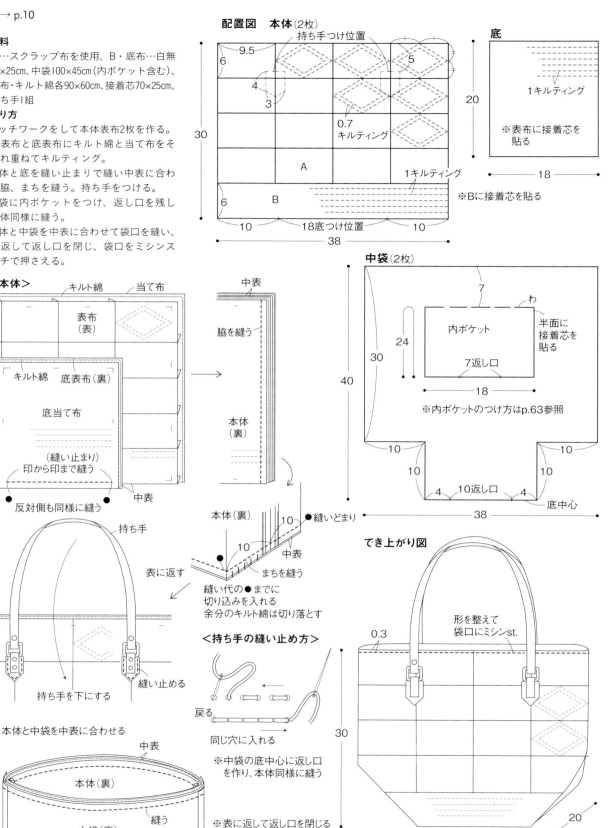

3 → p.10

● 材料
パッチワーク用布…スクラップ布を使用、A布…生成り合成皮革40×35cm（ループ含む）、持ち手…深緑スエード9×65cm、中袋110×35cm（内ポケット含む）、当て布・キルト綿各90×25cm、8番刺しゅう糸緑適宜

● 作り方
1 配置図を参照してパッチワーク、刺しゅうをし、前・後側表布を作り、キルト綿と当て布をそれぞれ重ねてキルティング。
2 1とA布を中表に縫い合わせ、本体を作る。
3 本体を中表に合わせて両脇を縫い、まちを作る。
4 本体と同様にして内ポケットをつけた中袋を作る。
5 本体と中袋を中表に重ね合わせ、間にループをはさんで袋口を縫う。表に返して返し口を閉じ、袋口を星止めする。
6 持ち手を作り、本体につける。

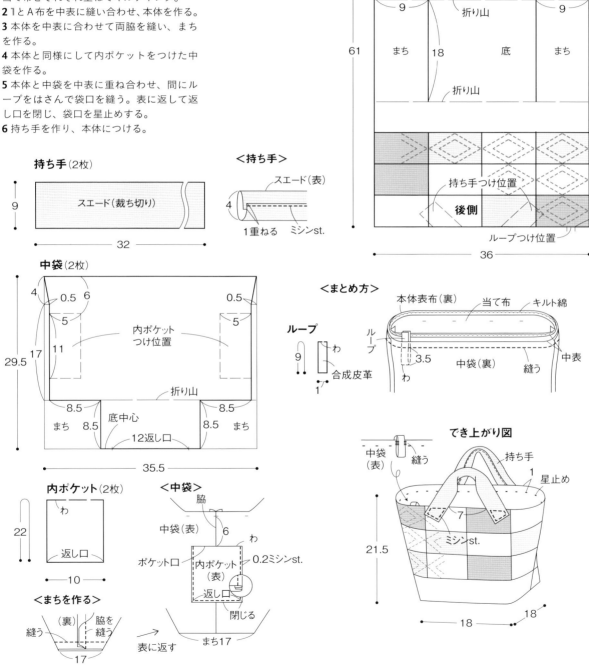

4 → p.12

◯材料
パッチワーク用布…スクラップ布を使用、A布…プリント30×15cm、中袋・当て布・キルト綿各35×30cm、バインディング用バイアス布3.5×80cm、27cm丈ファスナー1本

◯作り方
1 ヘクサゴン（六角形）のピースをパッチワークしてつなぎ、A布と縫い合わせたものを2枚作り、底を縫い合わせて本体表布を作る。
2 本体表布にキルト綿と当て布を重ねてキルティング。
3 型紙を当てて縫い代をつけてカットし、周囲をバインディングする。
4 ファスナーをつけ、残りの脇を巻きかがり、まちを縫う。
5 中袋を作り、本体まちと重ねて縫い代を縫い止め、表に返して本体にまつる。

配置図 本体

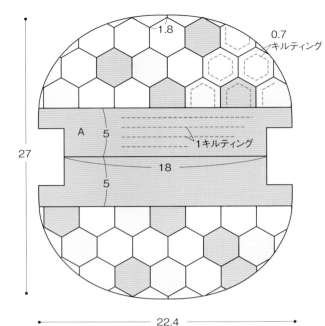

中袋

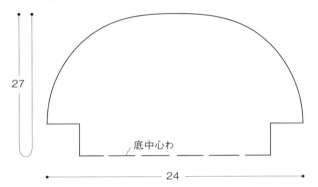

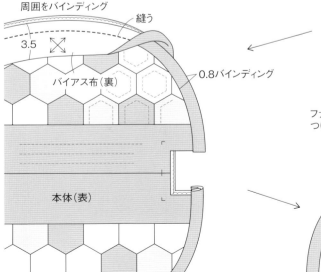

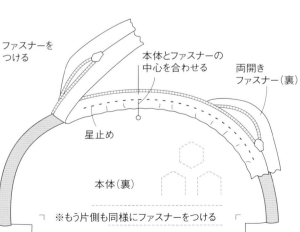

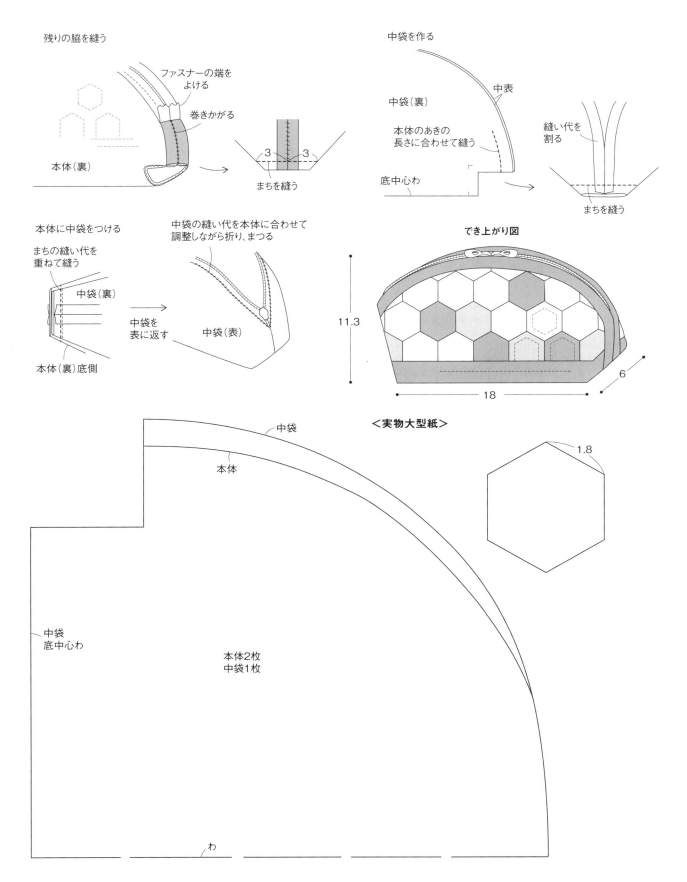

5.6 → p.16、18

◎材料
（5）本体…青ストライプ100×40cm、アップリケ布適宜、中袋・持ち手…青無地100×55cm、接着芯100×50cm　（6）前側…赤ストライプと花柄プリント45×30cm、後側…英字プリント30×30cm、中袋・接着芯各75×30cm、レースモチーフ5枚

◎作り方
1 本体裏側に接着芯を貼り中袋と中表に合わせて持ち手用穴を縫う。穴を切り抜き、切り込みを入れて表に返して穴の周囲をステッチで押さえる。
2 中袋をよけて本体2枚の脇、底、まちを縫う。中袋を同様に縫う。
3 表に返して袋口の縫い代を内側に折り、持ち手を挟んで縫う。（6）は袋口を縫う前にレースモチーフを縫い止める。

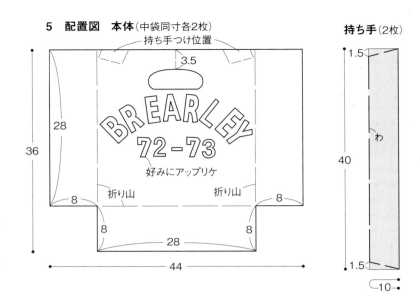

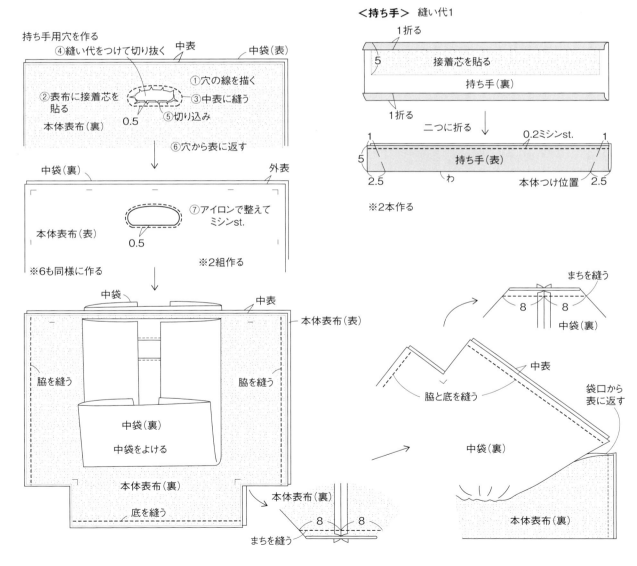

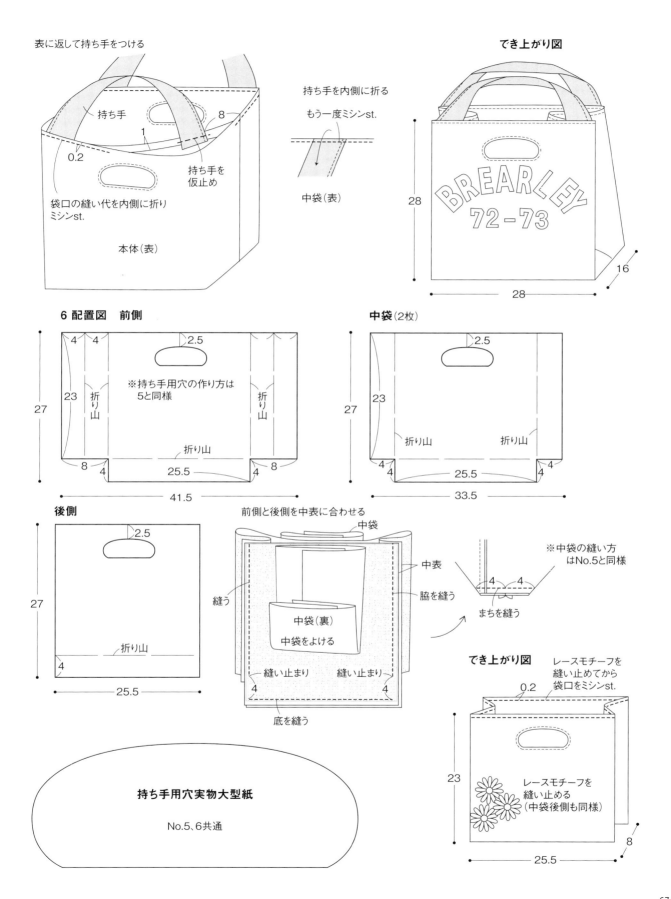

7 → p.20

◎材料
パッチワーク・アップリケ用…緑ストライプ（後側を含む）70×50cm・緑無地（中袋を含む）90×50cm・スクラップ布を使用、持ち手…エンジ無地30×20cm、接着芯・ミロ刺しゅう糸各色各適宜

◎作り方
1 パッチワーク布を用意し、オリーブのアップリケ、刺しゅうをする。
2 各ピースをパッチワークし、つなぎ目にストレートステッチで刺しゅうをする。
3 前側と後側を中表に合わせて脇、底、まちを縫う。
4 持ち手を作り本体に仮止めする。
5 中袋に返し口を作って本体と同様に縫い、本体と中表に合わせて袋口を縫う。
6 表に返して袋口をミシンステッチで押さえて返し口を閉じる。

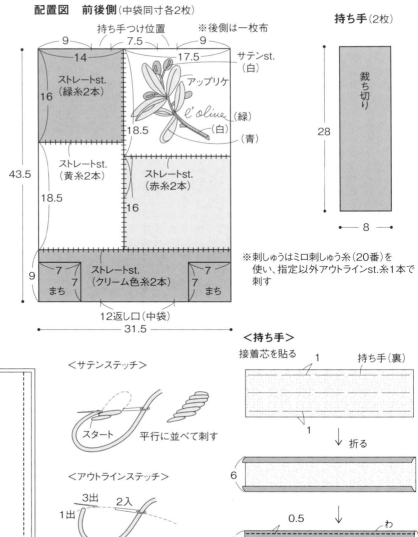

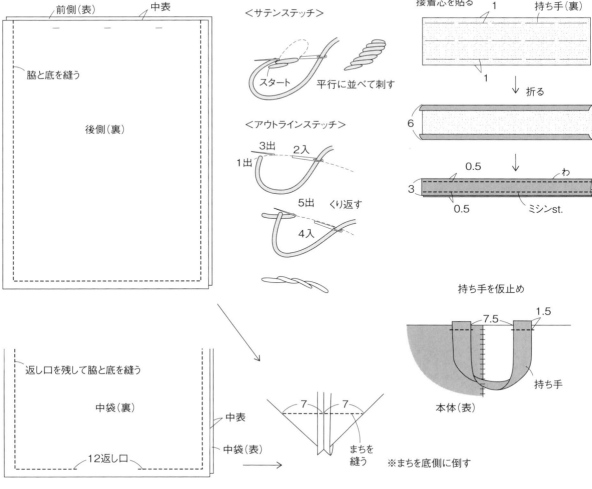

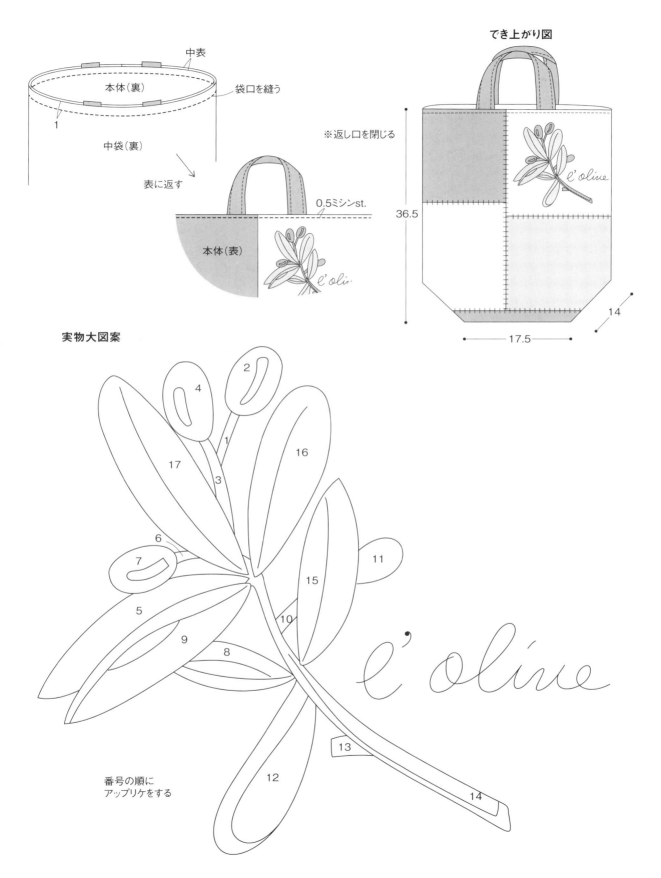

8 → p.21

◉材料
パッチワーク用布…花柄リネン90×30cm（持ち手・見返しを含む）、緑ストライプ55×30cm、中袋80×50cm（ポケット含む）、接着芯80×50cm、12cm丈ファスナー1本、幅0.5cm革コード92cm、内径0.8cmハトメ8組、直径0.4cmカシメ1組、底板（中敷き）14×14cm

◉作り方
1 接着芯を貼り、本体A、B、Cを縫い合わせる。前側のABの間にはファスナーポケットをつける。
2 本体を中表に合わせて両脇、まちを縫う。中袋は見返しと内ポケットをつけて、返し口を残して同様に縫う。
3 持ち手を作って本体に仮止めし、中袋と中表に合わせて袋口を縫う。表に返して袋口を縫いハトメをつけて革コードを通す。

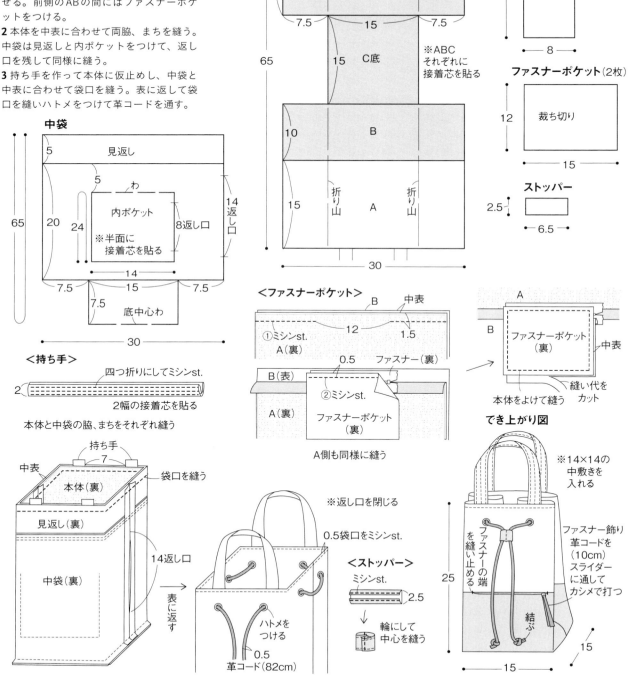

9 → p.24

◉**材料**

本体…黒プリント110×50cm、ベルト・Dカンタブ…黒英字35×15cm、中袋・接着芯各100×50cm、内径2.2cmDカン2個、持ち手1組

◉**作り方**

1 本体2枚に接着芯を貼り、持ち手をつける。中表に合わせて脇、底、まちを縫う。

2 中袋に内ポケットと見返しをつけて返し口を残して本体同様に縫う。

3 ベルトとDカンタブを作り本体に仮止めして中袋を中表に合わせて袋口を縫う。

4 表に返して袋口をミシンステッチで押さえ、返し口を閉じる。

配置図　本体(2枚)

Dカンタブつけ位置　　ベルトつけ位置
持ち手つけ位置
12
15
31
38.5
7.5　　7.5
7.5　折り山　7.5
32
47

ベルト(2枚)
角を丸くする
30

Dカンタブ(2枚)
5
2　　2

<ベルト>

2
ベルト(裏)
縫い代を折る
接着芯を貼る
0.2
外表
2枚を重ねてミシンst.

<Dカンタブ>

1
接着芯
折る
1
外表
2枚を重ねてミシンst.
仮止め
Dカン2個をはさむ

中袋(2枚)

縫い代を見返し側に倒してミシンst.
4　見返し
3　わ
内ポケット
22
27
※内ポケット半面に接着芯を貼る
38.5
15
7.5　折り山　7.5
7.5　　7.5
15返し口
47

③縫う　　③脇を縫う　中表

②持ち手をつける
※縫い方はp62を参照

補強用接着芯を重ねて貼る

①本体(裏)接着芯を貼る

④底を縫う

7.5　7.5
⑤まちを縫う

※中袋に返し口を作り同様に縫う

本体と中袋を中表に合わせる

Dカンタブ
中表　縫う
本体(裏)
ベルトをはさむ
見返し(裏)
※持ち手を内側に折る
中袋(裏)
内ポケットを縫う

※本体と中袋のまちの縫い代を縫い止め、表に返して返し口を閉じる

袋口にミシンst.　0.5

でき上がり図

Dカンにベルトを通す

31
32
15

71

10 → p.26

●**材料（1点分）**
パッチワーク用布…スクラップ布を使用、ファスナーまち・底まち各30×15cm、タブ20×10cm、中袋・当て布・キルト綿各40×40cm、24cm丈両開きファスナー1本、接着芯適宜

●**作り方**
1 パッチワークをして本体表布を2枚作る。
2 本体、ファスナーまち、底まち表布にキルト綿と当て布を重ねてキルティングをする。
3 ファスナーまちと中袋布にファスナーをはさんで縫う。
4 ファスナーまちと底まちを中表に合わせてタブをはさんで縫い輪にする。
5 本体とまちを中表に縫う。
6 中袋を作り、本体にまつる。

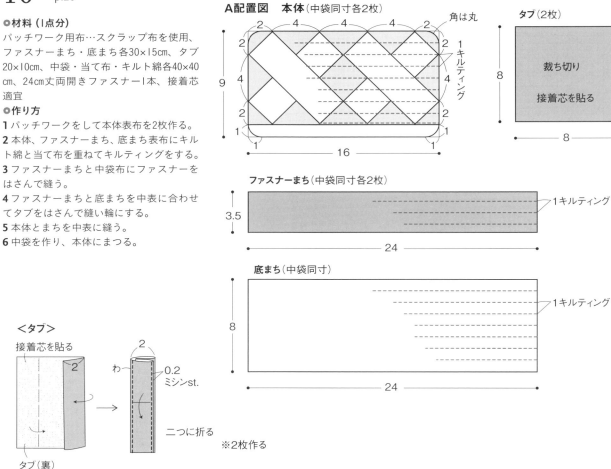

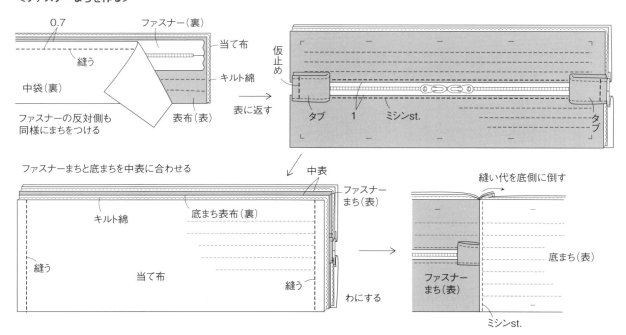

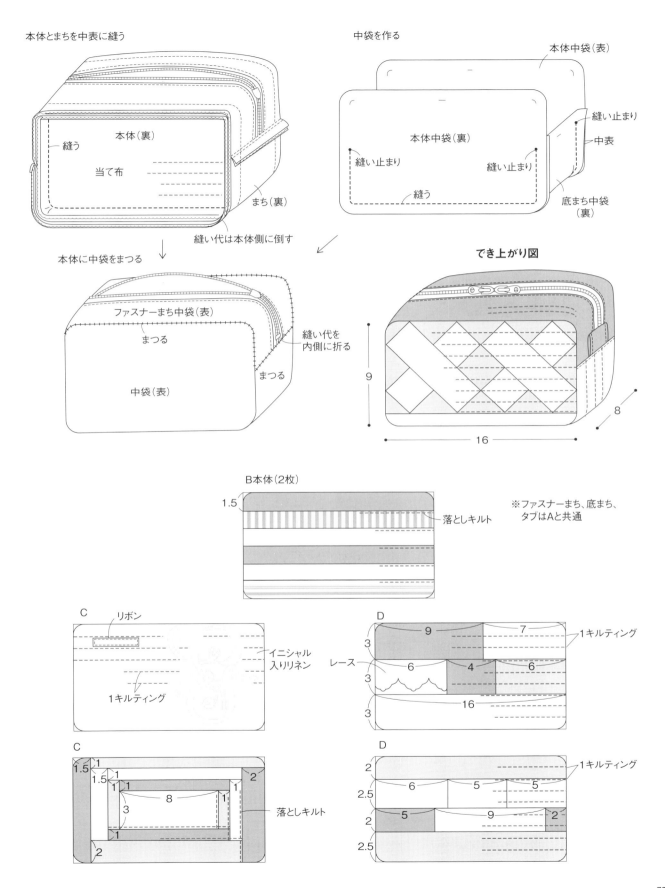

11 → p.28

●材料
本体…花柄プリント100×70cm、持ち手…プリント60×15cm、中袋…85×150cm（内ポケット含む）、キルト綿60×25cm、直径10cm革4枚、革6×3cm、厚手接着芯95×60cm、接着芯25×55cm、コード150cm

●作り方
1 本体A、Bに厚手接着芯を貼って縫いつなぎ、底の角に革を重ねて縫う。
2 本体を中表に折り脇、まちを縫う。
3 持ち手を作り、袋口の縫い代を折って仮止めする。
4 中袋に内ポケットをつけ2枚を外表に合わせ、ひも通し口を開けて脇を縫う。
5 4の縫い代を三つ折りにして縫う。中表に合わせ直して底、まちを縫う。
6 中袋を本体に入れて袋口を縫い、ひも通しにコードを通してストッパーをつけて結ぶ。

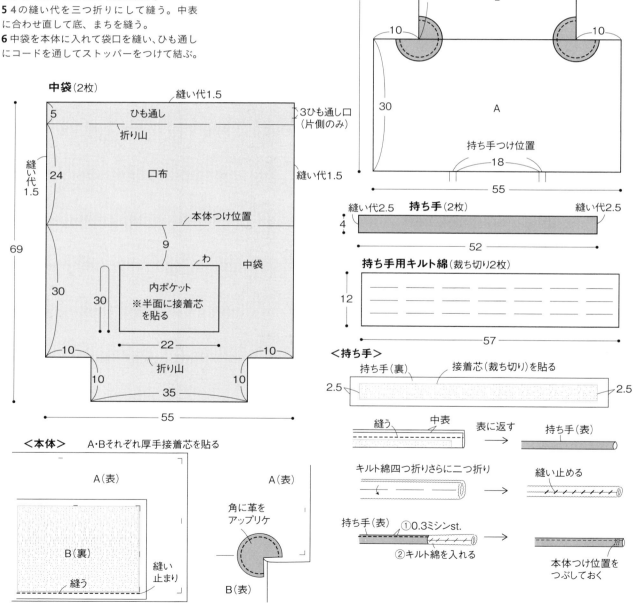

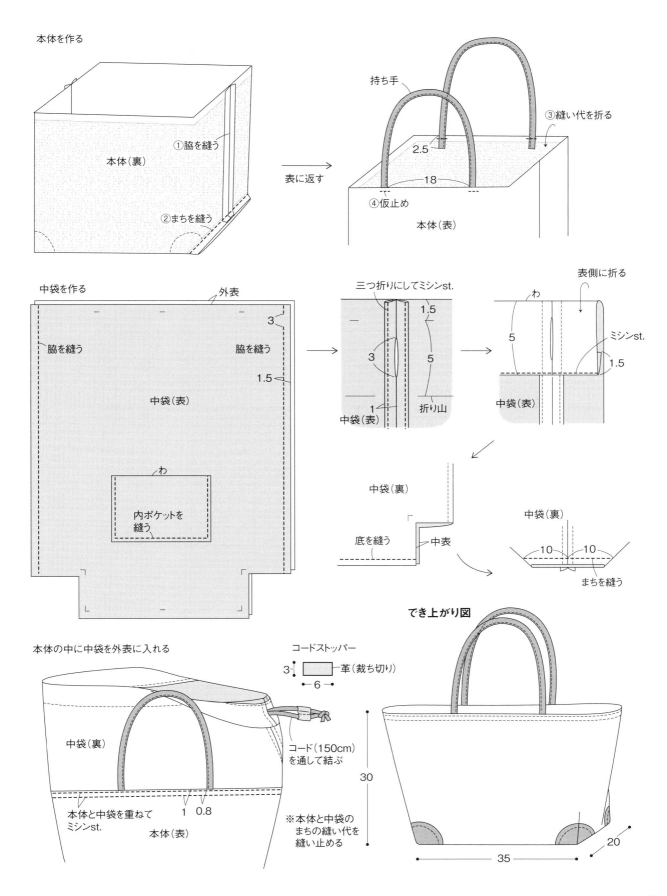

12 → p.32

◦ **材料**
パッチワーク用布…生成りフェルト50×50cm、水色ウール50×40cm、生成りプリント（バインディング用布を含む）50×40cm、中袋90×35cm（内ポケットを含む）、当て布・キルト綿35×20cm、幅1.5cmリボン100cm

◦ **作り方**
1 本体前側をA、Bをはさんで縫い、C〜Hを順番に重ねて配置し縫う。
2 後側は上側をキルティングしたものと生成りフェルトをはぎ合せ一枚にする。
3 前側と後側を中表に合わせて脇、底を縫う。
4 表に返して袋口をバインディング。
5 持ち手を本体につけ、中袋を作り本体と外表に合わせ袋口にまつる。

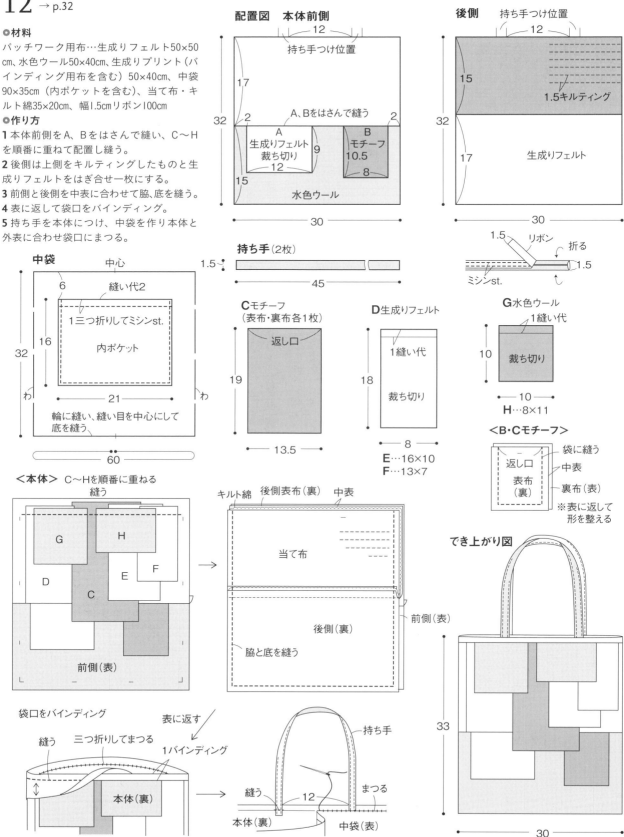

16 → p.39

●材料
パッチワーク用布…スクラップ布を使用、中袋・当て布・キルト綿各40×30cm、合皮6×7cm、28cm丈ファスナー1本

●作り方
1 パッチワークをして本体表布を2枚作り、キルト綿、当て布と重ねてキルティングをする。
2 本体2枚を中表に合わせて脇、底、まちを縫う。
3 返し口を作り中袋を同様に縫い、本体と中表に合わせて袋口を縫う。
4 表に返して中袋の縁を多めに出し、ミシンステッチする。表からファスナーをつけ、ファスナータブをつける。

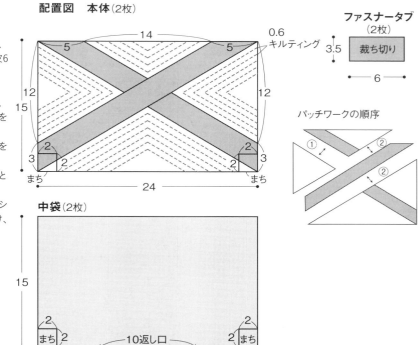

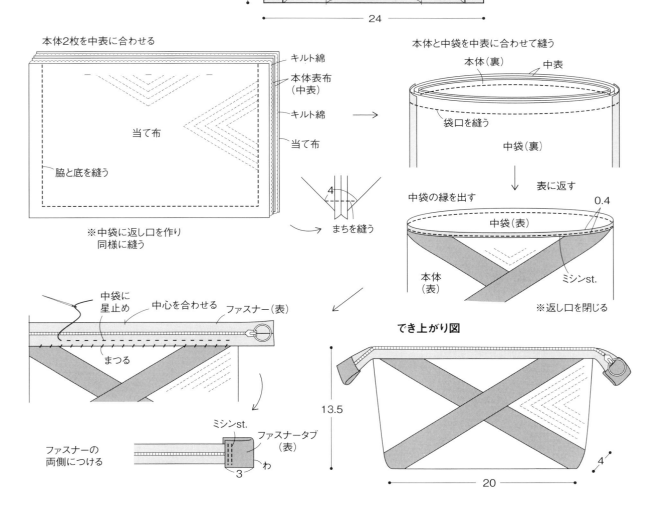

13 → p.34

◎材料
本体…青・グレー無地各35×30cm（底・ジョイント布を含む）、メッシュ30×20cm、アップリケ用布…スクラップ布を使用（ファスナー端布・パイピング用布を含む）、中袋70×40cm（内ポケットを含む）、当て布・キルト綿各50×30cm、24cm丈ファスナー1本、ナイロンテープ：幅3cmを80cm、幅1cmを14cm、幅0.7cmを90cm、ナスカン・送りカン各2個、接着芯適宜

◎作り方
1 本体前・後側にキルト綿と当て布を重ねてキルティング。後側はメッシュのポケットを仮止めしておく。
2 裏に接着芯を貼った底とそれぞれ縫い合わせる。
3 本体と中袋にファスナーをはさんで縫う。
4 前側と後側、中袋同士を中表に合わせて返し口を残して脇、底、まちを縫う。
5 背あてのついたショルダーひもを作りナスカン、送りカンに通す。

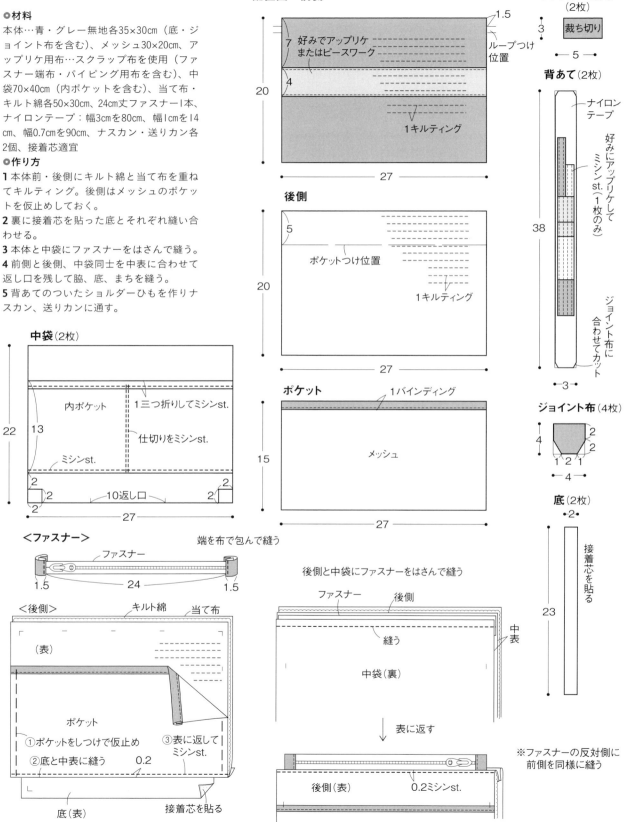

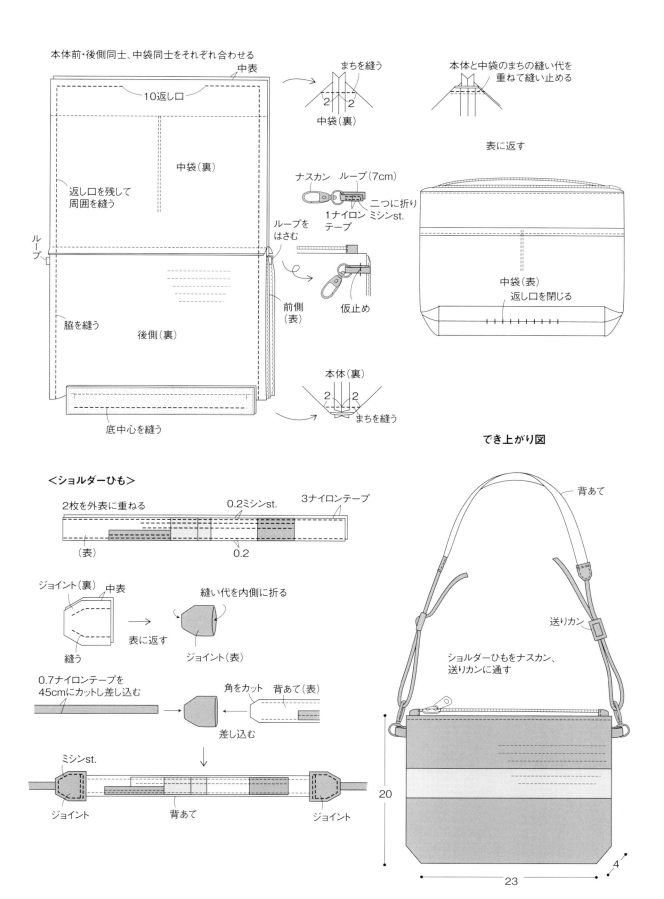

14 → p.36

○材料
本体…英字プリント90×60cm(底まち・ファスナーまち、タブ含む)、中袋・当て布・キルト綿・接着芯各90×60cm、50cm丈ファスナー1本、持ち手1組

○作り方
1 本体・底まち・ファスナーまち表布にキルト綿と当て布を重ねてキルティング。
2 ファスナーまちと中袋を中表に合わせてファスナーをはさんで縫い、両端にタブを仮止めする。
3 ファスナーまちと底まちを縫い輪にする。
4 3と本体を中表に合わせて縫う。持ち手をつける。
5 中袋を作り本体にまつる。

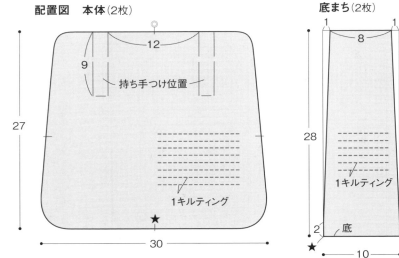

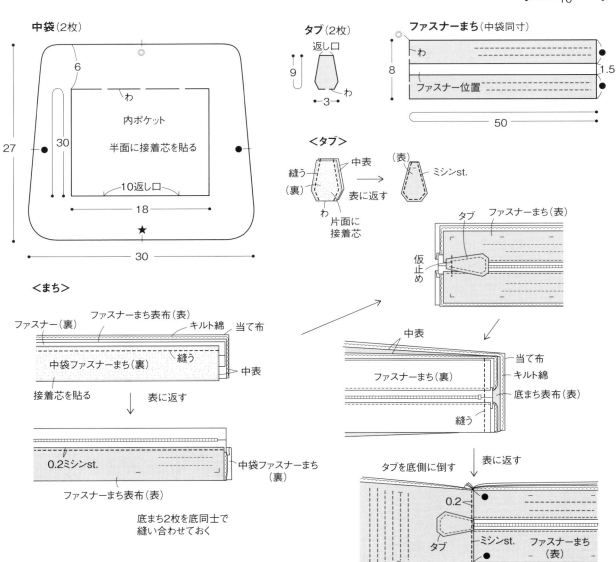

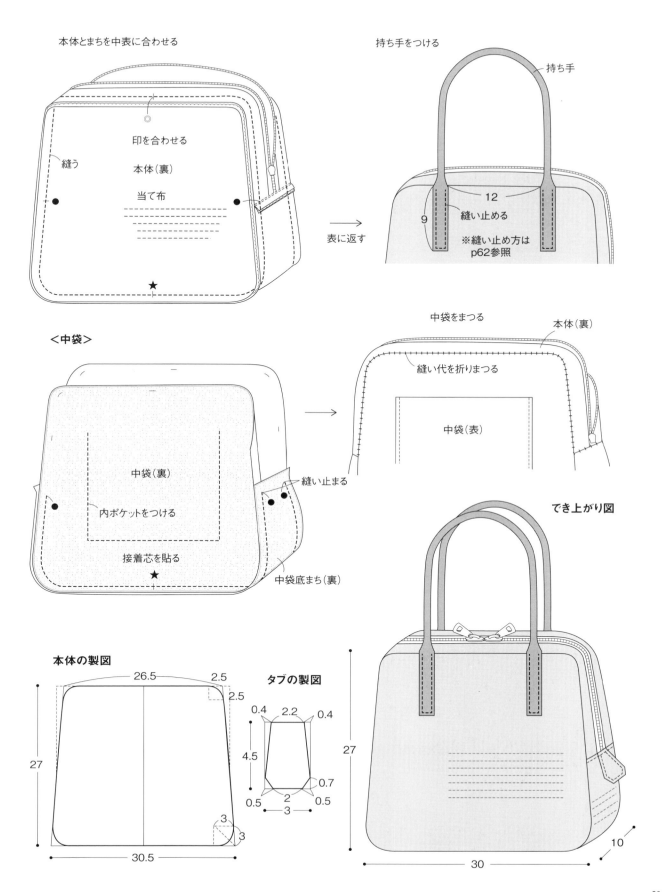

15 → p.38

○材料
パッチワーク用布…紫無地100×40cm（まちを含む）、英字プリント50×30cm、中袋（内ポケット）・接着キルト綿各110×40cm、ループ…緑無地3×15cm、パイピング（コード入り）…緑無地（バイアス）2.5×180cm・極太毛糸180cm、幅2cm革テープ100cm、持ち手1組

○作り方
1 パッチワークをして本体表布を作る。本体2枚とまちに接着キルト綿を重ねてキルティングをする。
2 本体とまちを中表に合わせてパイピング（コード入り）をはさんで縫う。
3 中袋を本体同様に縫い、本体と中表に合わせて、革テープとループをはさんで袋口を縫う。
4 表に返して返し口を閉じ、袋口を星止めする。ループに持ち手をつける。

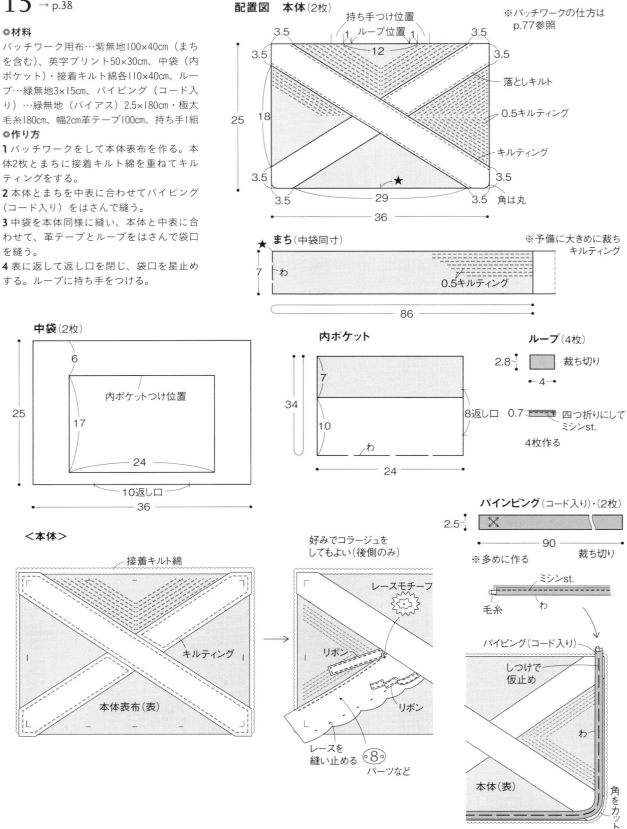

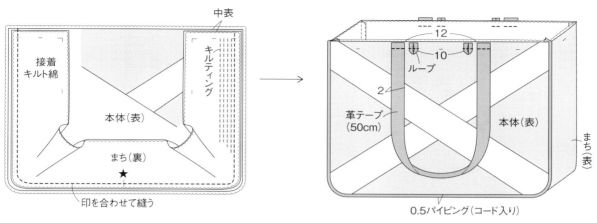

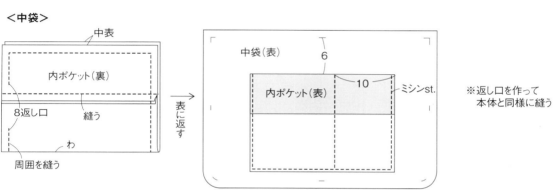

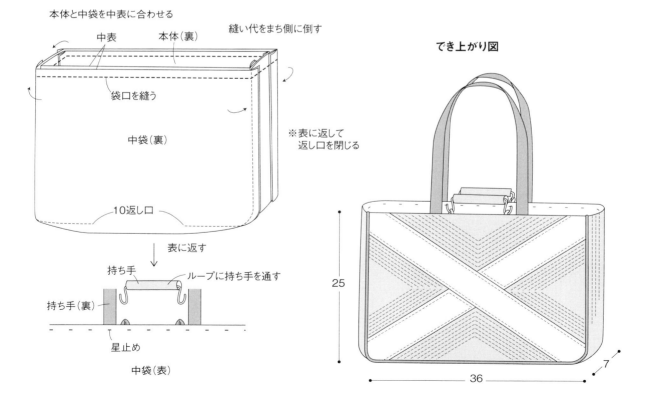

17 → p.42

◉材料
パッチワーク・アップリケ用布…スクラップ布を使用（持ち手・ひも・Dカンタブ・ショルダーを含む）、中袋・接着芯各70×45cm、内径1.2cmDカン2個、刺しゅう用ミシン糸適宜

◉作り方
1 パッチワークをして本体表布を作り、縫い代を割って接着芯を貼り、縫い目の際に刺しゅうをする。
2 本体2枚を中表に合わせて脇、底、まちを縫う。
3 本体に持ち手、ひも、ショルダー、Dカンタブを仮止めする。
4 返し口を残して中袋を本体同様に作り本体と中袋に合わせて袋口を縫う。
5 表に返して袋口にステッチをかけ、返し口を閉じる。

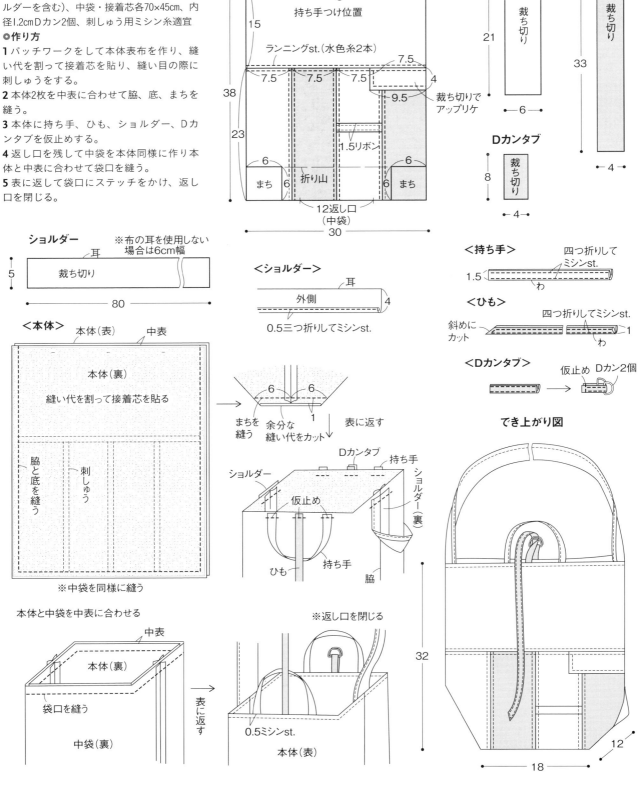

18 → p.43

◦**材料**
パッチワーク・アップリケ用布…スクラップ布を使用、裏布・当て布・キルト綿各20×20cm、ポンポン1個

◦**作り方**
1 パッチワークをして表布を作り、キルト綿と当て布を重ねてキルティング。
2 本体と裏布を中表に合わせて返し口を残して周囲を縫う。
3 表に返して星止めで押さえる。二つに折りあき止りまでこの字とじにする。
4 ポンポンを縫い止める。

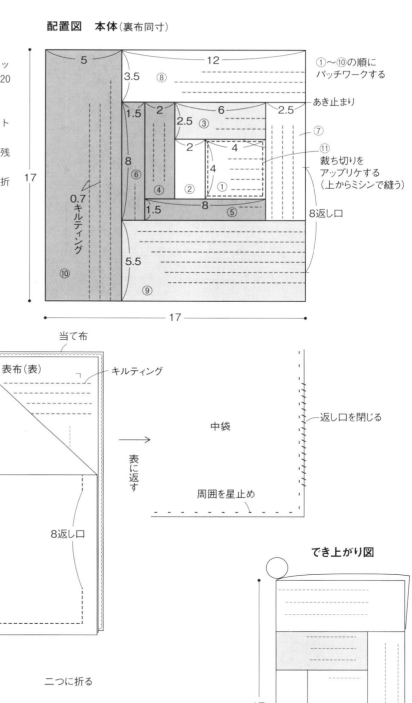

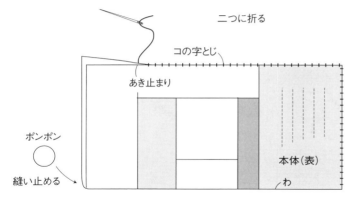

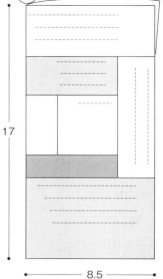

でき上がり図

19 → p.44

●材料
土台布…赤ウール40×30cm、アップリケ用布…スクラップ布を使用、中袋・当て布・キルト綿各40×30cm、35cm丈ファスナー1本、DMC25番刺しゅう糸黄土色適宜

●作り方
1. 土台布にキルト綿と当て布を重ねてキルティング。
2. 1に裁ち切りの布を重ねてさらにキルティングする。
3. 本体を中表に合わせて脇を印まで縫い、ファスナーをつける。
4. 中袋を作り、本体にまつる。

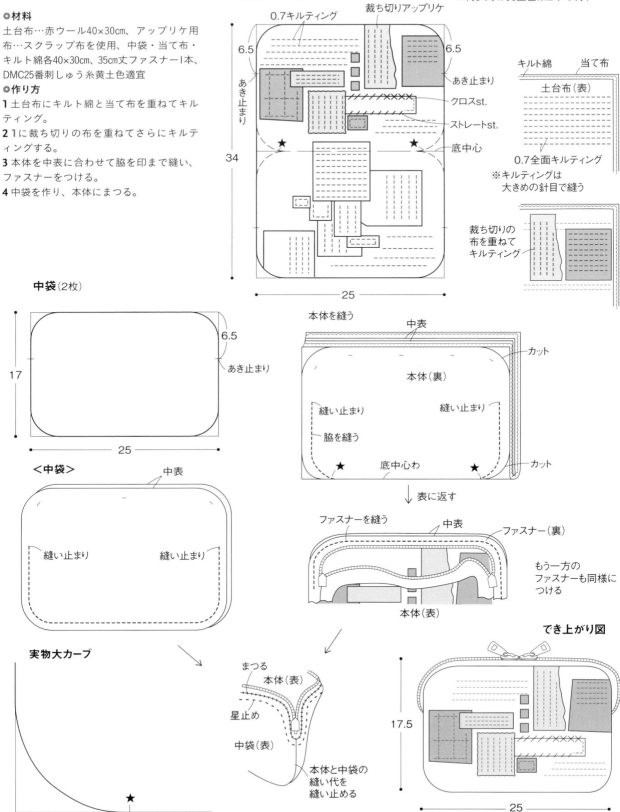

20 → p.45

◎材料
土台布…白リネン65×35cm、アップリケ用布…レース・リボンを含むスクラップ布を使用、持ち手…赤無地20×10cm、中袋85×35cm（内ポケット含む）、当て布・キルト綿各65×35cm、接着芯18×12cm、ポンポン2個

◎作り方
1 土台布にキルト綿と当て布を重ねて全体をキルティングする。
2 アップリケ布やレースなどでコラージュしてさらにキルティング。
3 本体を中表に合わせて脇、底、まちを縫う。表に返して持ち手を仮止めする。
4 返し口を残して中袋を作り、本体と中表に合わせて袋口を縫う。表に返して袋口をミシンステッチし、返し口を閉じる。

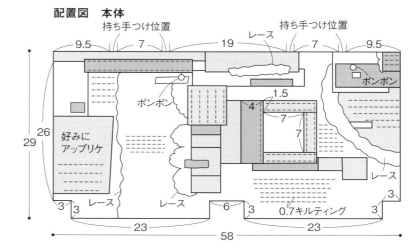

配置図 本体

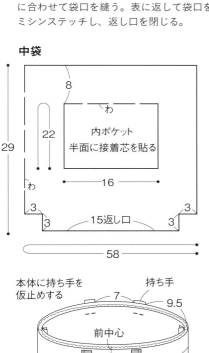

中袋

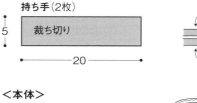

持ち手(2枚) 裁ち切り

折る 四つ折り 0.2ミシンst.

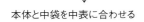

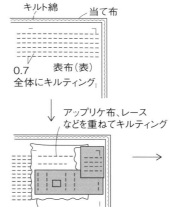

＜本体＞ キルト綿 当て布 表布(表) 0.7 全体にキルティング
アップリケ布、レースなどを重ねてキルティング
※中袋を同様に縫う

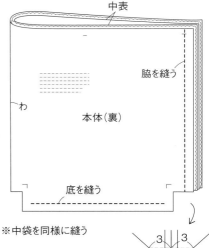

中表 脇を縫う 本体(裏) わ 底を縫う まちを縫う

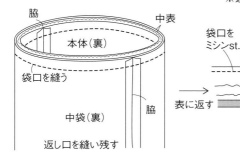

本体に持ち手を仮止めする
本体と中袋を中表に合わせる

※返し口を閉じる
袋口をミシンst. 0.6 キルトラインの上に重ねて縫う 表に返す 本体(表)

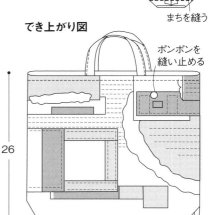

でき上がり図
ポンポンを縫い止める
26
23
6

21 → p.46

◎材料
本体…赤ウール・合皮各60×50cm（持ち手・ポケット含む）、アップリケ用布…デニムを含むスクラップ布を使用、中袋110×50cm（内ポケット含む）、幅3cmナイロンテープ100cm、カシメ8組、マグネットボタン1組

◎作り方
1 前側布にアップリケでコラージュし、後側にポケットを縫う。
2 底の角を中表に合わせて印まで縫う。
3 前後側を中表に合わせて脇と底を縫う。
4 中袋を同様に作り本体と中表に合わせて袋口を縫う。
5 表に返して見返し部分で折り、返し口を閉じる。
6 持ち手、マグネットボタンをつける。

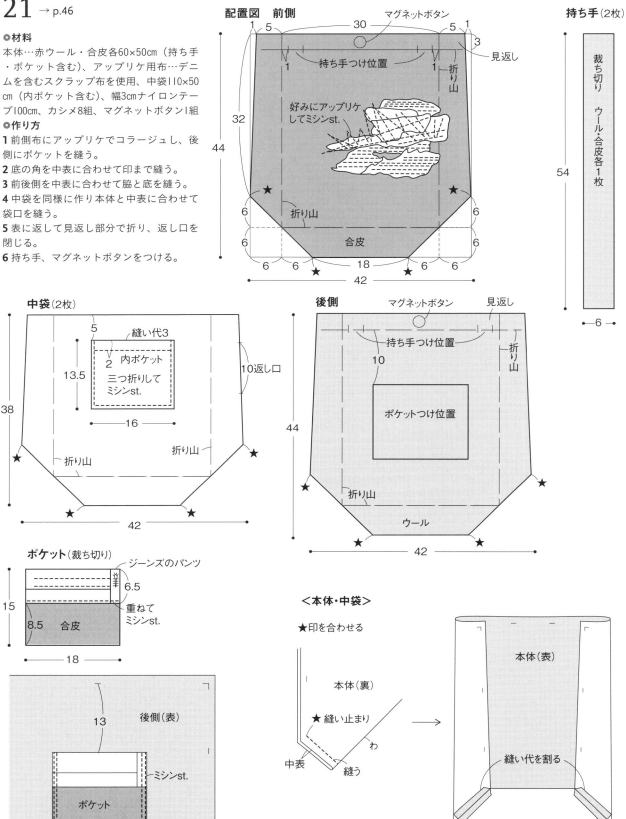

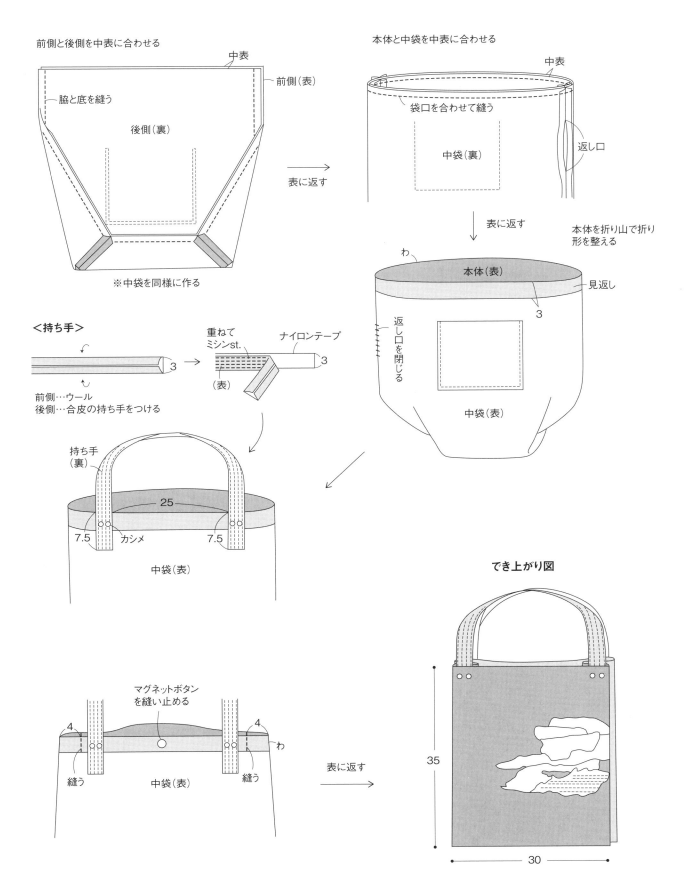

22 → p.48

●材料
パッチワーク・ヨーヨー用布…スクラップ布を使用、後側…花柄プリント30×20cm、中袋・当て布・キルト綿各40×30cm、幅0.3cmコード115cm、幅0.3cmリボン18cm、レースモチーフ1枚、ボタン1個

●作り方
1 前側中央部分をパッチワークし、両脇をつなぎ合わせて前側表布を作る。
2 前側・後側表布にキルト綿と当て布を重ねてキルティング。
3 前後側を中表に合わせて脇と底を縫う。表に返してコードとリボンを仮止めする。
4 返し口を残して中袋を作り、本体と中表に合わせて袋口を縫う。表に返して袋口にミシンステッチをする。
5 ヨーヨーを作り、前側に縫い止める。ボタンとレースモチーフをつける。

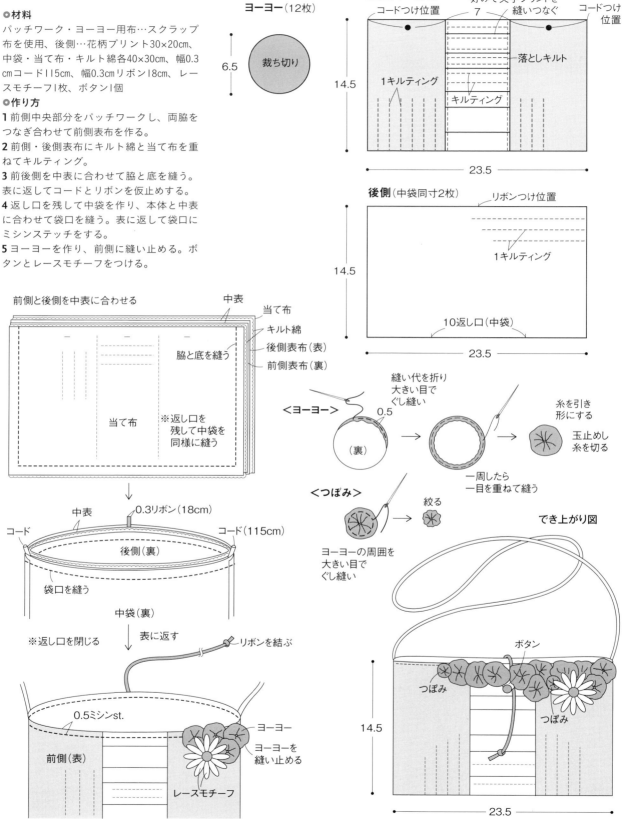

23 → p.50

○材料
本体…ストライプ45×30cm、コラージュ用布…レース・ラベル・リボンを含むスクラップ布を使用、脇まち・底・持ち手・ショルダー・タブ・中袋…黒リネン115×40cm、当て布・キルト綿各90×35cm、マグネットボタン1個、接着芯適宜

○作り方
1 本体前後側にキルト綿を重ねて表面にコラージュをする。布は裁ち切りで重ね上からキルティングをしておさえる。
2 1に当て布を重ねてしつけて仮止めしておく。
3 底、脇まちにキルト綿と当て布を重ねてキルティングをする。
4 前後側と底を縫い本体をまとめる。
5 本体と脇まち合い印で合わせて縫う。
6 持ち手、ショルダー、タブを仮止めして中袋を中表に合わせて袋口を縫う。表に返して袋口にミシンステッチする。

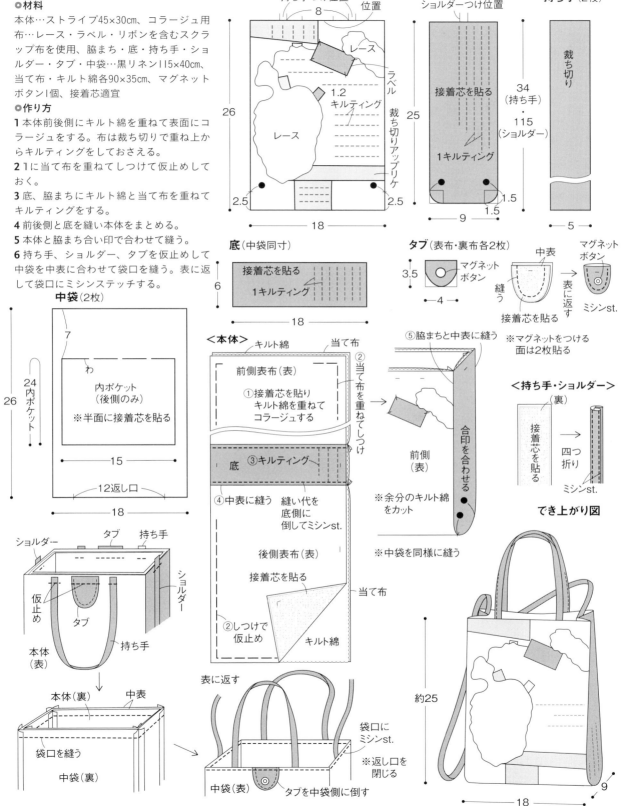

24 → p.54

○材料
本体…ブルーグレー無地110×50cm（底・持ち手・見返し・タブ含む）、中袋80×35cm（仕切り含む）、当て布・キルト綿各90×50cm、マグネットボタン1組、幅1cm持ち手用ロープ55cm、中敷22×11cm、接着芯60×15cm、シルク刺しゅう糸（5番糸相当）ブルー適宜

○作り方
1 前側表布に図案を写し刺しゅうをする。
2 本体、底表布にキルト綿と当て布を重ねてキルティング。
3 本体2枚を中表に合わせて脇を縫い、底と縫い合わせる。
4 中袋と見返しを縫いタブをつける。仕切りを作り底2枚を挟んで縫う。中袋に仕切りをつける。
5 本体に持ち手を仮止めして中袋と中表に合わせて袋口を縫う。表に返して中敷を入れて返し口を閉じ袋口を星止めする。

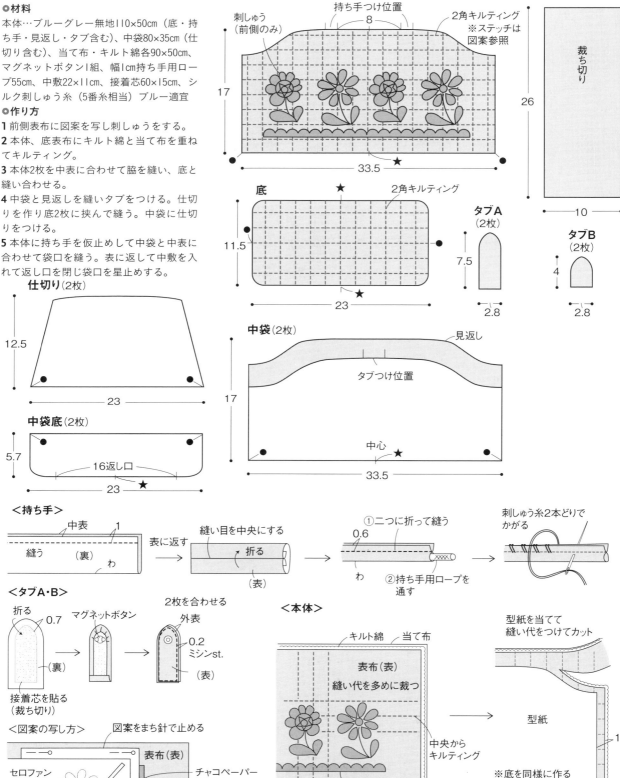

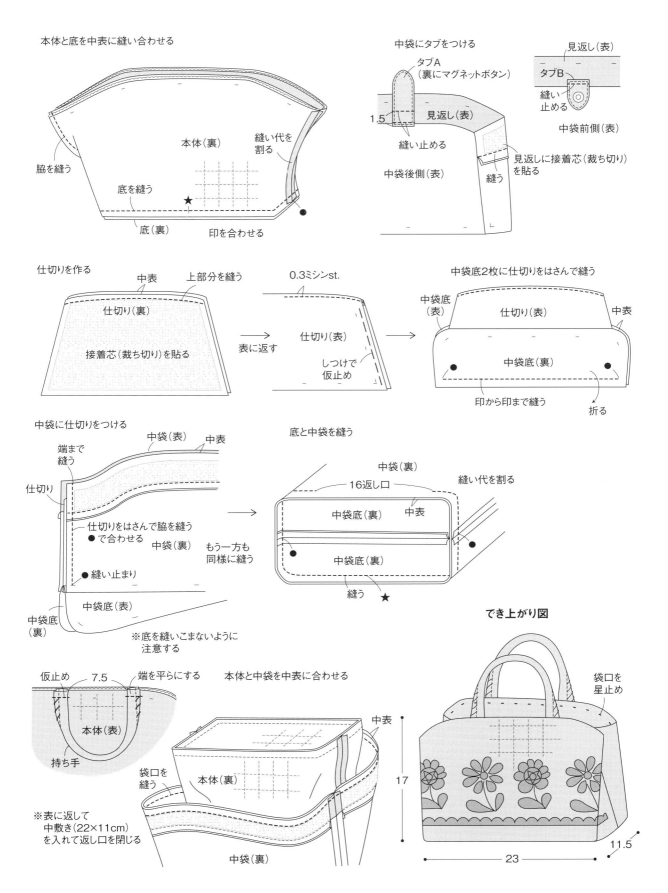

24 実物大型紙・図案

25 → p.56

◉材料
パッチワーク・アップリケ用布…デニムを含むスクラップ布を使用、中袋110×110cm（内ポケット含む）、当て布・キルト綿各100×85cm、68cm丈ファスナー1本、持ち手1組

◉作り方
1 キルト綿と当て布の上にピースを順番に重ねて縫い、キルティングしてから好みにコラージュし本体を作る。
2 ファスナーまちと中袋を中表に合わせてファスナーをはさんで縫う。
3 ファスナーまちと底、横まちを縫い輪にする。
4 3と本体を中表に合わせて縫う。
5 中袋を作り本体にまつる。
6 持ち手を縫い止める。

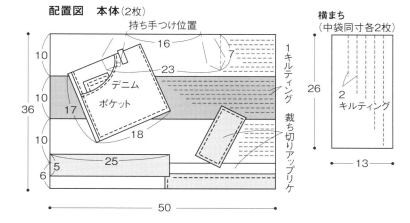

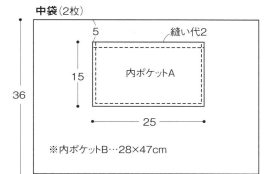

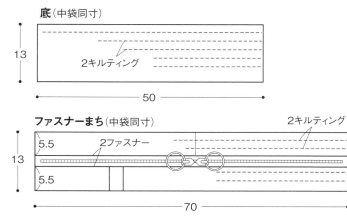

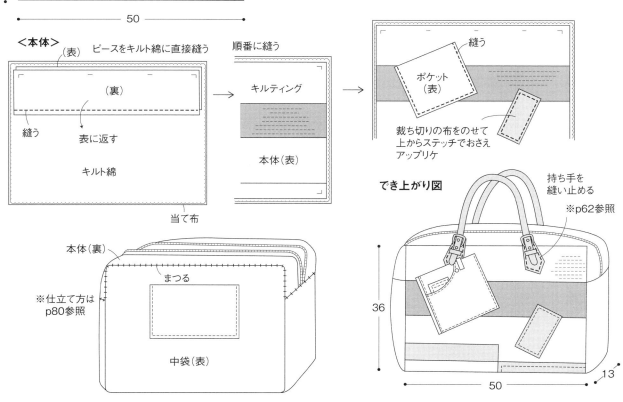

小関鈴子 Koseki Suzuko

服飾を学び、後にパッチワークと出合う。1978年「チャックスパッチワークスクール」に入学。野原チャック氏に師事する。ポップで小粋でさわやかなおしゃれ感覚のキルトにファンは多い。ハーツ＆ハンズの講師を経て、現在は自宅ほかで教室を開く。日本ヴォーグ社キルト塾講師。著書に、『小関鈴子のモードなキルト』（日本ヴォーグ社）などがある。
ホームページ http://laclochette.jp/

Staff
ブックデザイン　縄田智子 L'espace
撮影　白井由香里
スタイリスト　Chizu
トレース　tinyeggs studio 大森裕美子
編集協力　鈴木さかえ　石田めぐみ
編集担当　石上友美

制作協力
佐野恵理子（10 イニシャル・20）、須藤修代（15・16）、
田口直子（24）、橘 澄子（4・12）、宮元啓子（8・10 青
ファスナー）、森 美由紀（13・21）、和田幸代（25）

撮影協力
nooy
東京都中央区日本橋堀留町 1-2-9-3F
TEL03-6231-0933　http://www.nooy.jp
p.8-9 ワンピース、p.12 セーター、p.20 ブラウス、p.21 セーター、
p.24 コート、p.39 ワンピース、p.43下 セーター、p.46-47 ワンピース

あなたに感謝しております
We are grateful.

手づくりの大好きなあなたが、
この本をお選びくださいましてありがとうございます。
内容はいかがでしたでしょうか？
本書が少しでもお役に立てば、こんなにうれしいことはありません。
日本ヴォーグ社では、手づくりを愛する方とのおつき合いを大切にし、
ご要望におこたえする商品、サービスの実現を常に目標としています。
小社及び出版物について、何かお気づきの点やご意見がございましたら、
何なりとお申し出ください。
そういうあなたに、私共は常に感謝しております。

株式会社日本ヴォーグ社社長　瀬戸信昭
FAX 03-3383-0602

日本ヴォーグ社関連情報はこちら
（出版、通信販売、通信講座、スクール・レッスン）
https://www.tezukuritown.com/　手づくりタウン　検索

小関鈴子の
モードなバッグ

発行日：2019年11月10日
著　者：小関鈴子
発行人：瀬戸信昭
編集人：今ひろ子
発行所：株式会社 日本ヴォーグ社
　　　　〒164-8705　東京都中野区弥生町5-6-11
　　　　TEL 03-3383-0628（販売）　03-3383-0634（編集）
出版受注センター　TEL 03-3383-0650 FAX 03-3383-0680
振替　00170-4-9877
印刷所　凸版印刷株式会社
Printed in Japan
©Suzuko Koseki 2019
NV70553　ISBN978-4-529-05939-8 C5077

万一、乱丁本・落丁本がありましたら、お取り替えいたします。
お買い求めの書店か、小社販売部（TEL03-3383-0628）へご連絡ください。
本書の複写にかかる複製、上映、譲渡、公衆送信（送信可能化を含む）の各権利は
株式会社日本ヴォーグ社が管理の委託を受けています。
JCOPY 〈（社）出版者著作権管理機構　委託出版物〉
本書の無断複写は、著作権法上での例外を除き禁じられています。
複写される場合は、そのつど事前に（社）出版者著作権管理機構
（電話 03-5244-5088、FAX 03-5244-5089、e-mail:info@jcopy.or.jp）の
許諾を得てください。